SIMONE CASAGRANDE

ALLENARSI SENZA ATTREZZI

13 Esercizi per Avere un Corpo Definito e Tonico senza Attrezzi e senza Palestre

Titolo

"ALLENARSI SENZA ATTREZZI"

Autore

Simone Casagrande

Editore

Bruno Editore

Sito internet

http://www.brunoeditore.it

Tutti i diritti sono riservati a norma di legge. Nessuna parte di questo libro può essere riprodotta con alcun mezzo senza l'autorizzazione scritta dell'Autore e dell'Editore. È espressamente vietato trasmettere ad altri il presente libro, né in formato cartaceo né elettronico, né per denaro né a titolo gratuito. Le strategie riportate in questo libro sono frutto di anni di studi e specializzazioni, quindi non è garantito il raggiungimento dei medesimi risultati di crescita personale o professionale. Il lettore si assume piena responsabilità delle proprie scelte, consapevole dei rischi connessi a qualsiasi forma di esercizio. Il libro ha esclusivamente scopo formativo.

Sommario

Introduzione   pag. 5
Capitolo 1: Come dimagrire correttamente   pag. 8
Capitolo 2: Come ottenere un fisico atletico   pag. 21
Capitolo 3: Come eseguire i migliori esercizi
           a corpo libero   pag. 28
Capitolo 4: Scopri i migliori programmi
           di allenamento   pag. 79
Conclusione   pag. 90

Introduzione

Ciao e grazie per aver scelto il mio ebook! Questo mio lavoro sarà molto pratico: t'illustrerò tantissimi esercizi per migliorare la tua forma fisica e soprattutto la tua salute. Ho scelto di proporti l'allenamento che, secondo me, è il migliore in assoluto e che, se ben eseguito, dà dei risultati eccezionali: quello a corpo libero.

Il mio obiettivo non è farti ottenere il fisico del classico "buttafuori" (a essere sincero a me non è mai piaciuto tanto!), ma aiutarti a dimagrire e ottenere la giusta massa muscolare. Inoltre tieni conto del fatto che, per diventare così possenti, bisogna seguire un'alimentazione super calorica e questo non fa certo bene alla salute. Si "caricano" troppo sia il fegato sia i reni e si creano un sacco di altri problemi che sarebbe meglio evitare.

Poi le attrezzature per il bodybuilding non sono per niente funzionali. Per ultimo, sono dell'idea che trasformare il proprio fisico in maniera esagerata sia innaturale e anche pericoloso.

Questo non significa che devi rimanere piccolo e gracile, ma solo che sarebbe giusto trasformare il tuo corpo in maniera adeguata alle tue caratteristiche morfologiche. Il fisico atletico e definito alla lunga si rivela il migliore, sia come aspetto puramente estetico sia come benessere.

Quello che ti proporrò è un allenamento semplicissimo, che potrai tranquillamente eseguire dove vuoi, senza bisogno di andare in palestra e senza acquistare nessun attrezzo. Ti allenerai con il tuo corpo!

L'allenamento a corpo libero, eseguito a circuito senza pausa, è eccezionale per accelerare il metabolismo e rendere il fisico tonico e forte. Non otterrai braccia grosse come quelle dei bodybuilder e neanche cosce che si sfregano a causa di squat con carichi pesanti, ma l'obiettivo è un altro, giusto?

Fisico asciutto e definito, braccia e addome scolpiti, gambe forti e non massicce, struttura snella, slanciata e soprattutto corpo flessibile e agile! Se queste caratteristiche ti piacciono, allora hai scelto l'ebook giusto!

Prova i miei programmi e non te ne pentirai. L'unico consiglio che ti do è quello di impegnarti, facendo qualche sacrificio, ed effettuare un controllo dopo quattro mesi. Funzionerà, vedrai, e non dovrai rivoluzionare niente delle tue giornate. Tre ore, ti chiedo solo 180 minuti della tua settimana. I risultati saranno unici!

Buon allenamento dal tuo coach Simone Casagrande!

CAPITOLO 1:
Come dimagrire correttamente

Un popolo di sedentari

I progressi della tecnologia e il ritmo frenetico della vita moderna ci hanno trasformato in un popolo di sedentari e stressati. Purtroppo, se da un lato ci siamo evoluti, dall'altro stiamo trascurando la cosa più importante che abbiamo: la salute.

Recentemente leggevo un articolo che descriveva le abitudini dell'uomo medio durante la giornata, in una città con più di 100.000 abitanti. Emergeva un dato preoccupante: non ci muoviamo più!

Passiamo 8-9 ore dietro una scrivania, 1 ora sui mezzi pubblici per andare al lavoro, 3 ore per i pasti principali, 2 ore circa davanti al televisore. Poi andiamo a dormire e, se siamo fortunati, riposiamo per 6-7 ore. Basta fare due calcoli per accorgersi che trascorriamo, quasi tutta la giornata, stando seduti o distesi.

È vero che non tutti fanno un lavoro sedentario, ma rimane comunque un dato allarmante. I risultati di queste cattive abitudini infatti sono:
- pressione alta;
- colesterolo (ldl) alto;
- glicemia alta;
- stress;
- sovrappeso;
- ipotonia muscolare;
- insonnia;
- perdita di elasticità muscolare;
- ansia;
- depressione.

La lista sarebbe ancora più lunga, ma ho scelto di soffermarmi solo sulle problematiche principali. Questi dati devono farti riflettere e spingerti a modificare le tue abitudini. Del resto, quando stai male, tutte le altre cose (anche il lavoro) passano in secondo piano.

Ho voluto fare questa premessa per spiegarti che fare sport deve diventare un'abitudine di vita e, anche se ti sembra impossibile, devi trovare dei momenti da dedicare alla tua persona e praticare un'attività salutare. Non farti condizionare dalla società moderna: pensa anche al tuo corpo e trattalo bene!

Accelerare il metabolismo
Mi sento spesso chiedere come fare per dimagrire e la mia risposta è sempre la stessa. Ci sono tre categorie di persone:
- a metabolismo lento (che tendono a ingrassare);
- a metabolismo medio (che, da giovani, sono magri, ma con gli anni, per mantenere il proprio peso forma, devono fare attività fisica ed equilibrare l'alimentazione);
- a metabolismo veloce (persone fortunate che, anche mangiando per due, rimangono magre a vita).

Personalmente penso di appartenere alla seconda categoria. Sono sempre stato magro ma, con il passare degli anni, mi sono accorto che, mangiando in maniera disordinata e senza allenamento, mi stavo "appesantendo" un po'.

Parliamoci chiaro: non sono mai stato fissato con l'alimentazione, mangio tutto cercando di variare, ma stare in tavola è un piacere al quale non rinuncerò mai. Mi piace, ogni tanto, bere un buon rosso e un po' di posto per un dolcetto lo trovo sempre.

Fino quando avevo trentasei anni e giocavo potevo mangiare di tutto, ma adesso, a quarantadue anni, qualche piccola attenzione va osservata. Non tanto per lo specchio, quanto per la salute e il benessere del corpo.

Se appartieni alla prima categoria di persone, quelle a cui madre natura ha dato la tendenza a ingrassare, è inutile nasconderti che la tua strada verso un fisico snello sarà più dura di quella di altri. Comunque non disperare, perché con i giusti accorgimenti anche tu potrai modellare il tuo corpo.

Se invece appartieni alla seconda categoria, ti consiglio di non sederti sugli allori. Anche se adesso sei in forma, con il passare del tempo, trascurando il tuo fisico e mangiando in maniera disordinata, il tuo metabolismo rallenterà.

Se al contrario appartieni alla terza categoria, sarai sempre un "grissino", ma, per avere un buon tono muscolare e un cuore sano, è necessario comunque fare un po' di movimento.

Morale della favola: nessuna delle tre categorie può evitare l'allenamento. C'è chi deve essere più rigoroso di altri, ma tutti hanno bisogno di muoversi.

SEGRETO n. 1: l'attività fisica è fondamentale per mantenersi magri, accelerare il metabolismo e rimanere in buona salute.

La strada da percorrere
Diciamoci la verità: mangiare è un piacere! Spesso chi si mette a dieta si stressa tantissimo e di benefici neanche l'ombra. Oppure ottiene risultati e dopo breve tempo si rigonfia come e più di prima.

Se il tuo obiettivo è perdere peso, lascia stare diete miracolose, tabelle prodigiose, creme che promettono di farti dimagrire mentre dormi e tanti altri rimedi magici. Mettiti in testa di darti una "regolata". La strada da seguire è una sola: alimentazione equilibrata ed esercizio fisico.

SEGRETO n. 2: non cercare scorciatoie! Non ne esistono! Se vuoi dimagrire, devi controllare l'alimentazione e fare regolarmente esercizio fisico.

Partiamo dall'alimentazione e vediamo dove stai sbagliando. Non ho nessuna intenzione di mostrarti tabelle nutrizionali o proporti pasti pesati.

Voglio solo darti qualche dritta su come e cosa mangiare. Anche perché, se una sera hai più appetito del solito, non vedo perché tu non debba toglierti qualche sfizio.

Il segreto sta nel fare cinque pasti il giorno: colazione, spuntino, pranzo, spuntino, cena. Alcuni nutrizionisti aggiungono un altro pasto prima di coricarsi, se sono trascorse più di tre ore dalla cena e, aggiungo io, "solo se hai fame".

Ti consiglio di suddividere le calorie totali giornaliere (più o meno chiaramente) nel seguente modo:

- colazione: 25%;
- spuntino: 10%;
- pranzo: 35%;
- spuntino: 10%;
- cena: 20%.

Questo è solo un mio consiglio per evitare di continuare a mangiare come molti – e forse anche tu – fanno, e cioè:

- colazione: inesistente (oppure un caffè veloce);
- pranzo: 35%;
- aperitivo: 15%;
- cena: 50%.

Distribuire cinque pasti durante la giornata è importantissimo per non rallentare il metabolismo. Se infatti il tuo corpo capisce che, da mezzogiorno, riceverà il prossimo "carburante" solo alle venti di sera, "girerà" più lentamente e la tua astinenza da cibo sarà inutile.

Ti spiego meglio questo concetto: il tuo organismo, di fronte a un digiuno prolungato, risponde "preservando" le riserve di grasso e "bruciando" la massa magra. Il risultato opposto a quello desiderato!

Concederti un piccolo spuntino a metà pomeriggio farà girare a pieno ritmo il tuo organismo e manterrà sempre attivo il tuo metabolismo. È chiaro che per spuntino intendo un frutto, una fetta di pane con il prosciutto o uno yogurt, non cinque palle di profitterol o tre budini al cioccolato!

Anche le diete super proteiche o quelle che eliminano totalmente i carboidrati sono da evitare. I carboidrati, infatti, "permettono" ai grassi di essere bruciati dall'organismo e la loro assenza nella dieta provoca una situazione non fisiologica per il corpo.

Tornando alla nostra giornata tipo, questi sono i miei consigli. La colazione deve essere abbondante: latte, caffè, pane (integrale) e marmellata, se ami il dolce; toast con prosciutto o formaggio magro, succo d'arancia e caffè, se ami il salato.

Il pranzo deve essere ricco di carboidrati, con un po' di proteine e della verdura. Per cena una porzione di proteine e un bel piatto di verdura. Consiglio la frutta lontano dai pasti principali, preferibilmente nei due spuntini.

Detto questo, sta a te mangiare quello che più ti piace. L'importante è concentrare la maggior parte dei carboidrati nella prima parte della giornata e riservare la gran parte delle proteine per la sera.

SEGRETO n. 3: è importantissimo assumere la maggior parte dei carboidrati nella prima parte della giornata.

Evitare il pane se mangi la pasta, evitare la pasta se mangi il pane, limitare i dolci e gli insaccati e bere al massimo (se non puoi farne a meno) un bicchiere di rosso a pranzo e uno a cena, riducendo le calorie totali, ma non in maniera esagerata.

Veniamo ora all'attività fisica e scopriamo quali sono le attività che ti fanno bruciare di più e innalzano il tuo metabolismo.

Prima di addentrarci nelle varie metodologie chiariamo subito una cosa: oggi i ritmi di vita sono stressanti quasi per tutte le persone, il tempo da dedicare a se stessi è sempre meno e allora diventano inutili tutte quelle attività che richiedono più di un'ora per essere praticate.

Poi sfatiamo un mito: l'attività aerobica fa bene, ma, per dimagrire avendo poco tempo a disposizione, è molto meglio un'attività intensa che non superi i 45 minuti. Senza considerare che praticare una corsa lenta per molto tempo non è il massimo per il mantenimento della massa muscolare.

SEGRETO n. 4: l'attività aerobica, se lenta e molto lunga, brucia la massa muscolare.

Più opportuno sarebbe un lavoro sulla forza organizzato a circuito, magari abbinato a un po' di attività aerobica. Il lavoro sulla forza (a corpo libero o con i pesi) è importantissimo, perché stimola la produzione di GH (ormone della crescita), basilare per l'aumento della massa magra e la riduzione del grasso corporeo.

Ricordati che la maggior produzione di GH si ha durante esercizi a elevata intensità. L'attività aerobica è altrettanto importante solo se praticata con sessioni non troppo lunghe e a una frequenza cardiaca intorno al 70-75% della tua FCmax (frequenza cardiaca massima), che si ottiene con la formula: 220-età del soggetto.

Adesso, giacchè l'attività con i sovraccarichi richiede una certa attrezzatura (manubri, bilancieri ecc.) e un buon istruttore che t'insegni la tecnica di esecuzione dei vari esercizi, mentre l'allenamento a corpo libero no, io ti consiglio di allenarti solo con il tuo corpo. Inoltre, senza l'utilizzo dei sovraccarichi, il rischio di infortunarti è minimo.

Non ascoltare quelle persone che sostengono che nell'allenamento a corpo libero non puoi variare il carico, perché non è affatto vero. Forse non potrai sollevare pesi vicini al massimale, ma non devi diventare "enorme", giusto? Puoi aumentare la velocità di esecuzione, il numero di ripetizioni e anche rendere l'esercizio più duro (a esempio effettuando dei piegamenti con i piedi su un rialzo).

L'allenamento ideale è quello a corpo libero abbinato a quello aerobico. Questa combinazione è il mix migliore per diventare atletico, far lavorare cuore e polmoni e definire i tuoi muscoli.

SEGRETO n. 5: circuito a corpo libero e attività aerobica formano un binomio eccezionale per ottenere un fisico da urlo.

RIEPILOGO DEL CAPITOLO 1:

- SEGRETO n. 1: l'attività fisica è fondamentale per mantenersi magri, accelerare il metabolismo e rimanere in buona salute.
- SEGRETO n. 2: non cercare scorciatoie! Non ne esistono! Se vuoi dimagrire, devi controllare l'alimentazione e fare regolarmente esercizio fisico.
- SEGRETO n. 3: è importantissimo assumere la maggior parte dei carboidrati nella prima parte della giornata.
- SEGRETO n. 4: l'attività aerobica, se lenta e molto lunga, brucia la massa muscolare.
- SEGRETO n. 5: circuito a corpo libero e attività aerobica formano un binomio eccezionale per ottenere un fisico da urlo.

CAPITOLO 2:
Come ottenere un fisico atletico

Allenamento a corpo libero

Molti personal trainer, preparatori o anche semplici appassionati di fitness considerano gli esercizi a corpo libero troppo "leggeri" per costruire un fisico invidiabile. Prediligono andare in palestra e fare il giro di tutte le macchine super moderne, magari guardando le ultime notizie del tg sugli schermi che sono montati su alcune di queste. Non voglio criticare nessuno, ma personalmente ritengo questo modo di allenarsi troppo comodo e poco efficace.

Sono invece convinto che, per ottimizzare il tuo tempo, potresti provare una scelta più semplice, più economica e dai risultati certi. Fare esercizi a corpo libero è, infatti, la cosa più naturale di questo mondo. Se fatti nel modo giusto, questi esercizi si riveleranno assolutamente straordinari per scolpirti, aumentare la tua forza, resistenza e flessibilità.

Con i miei programmi questo è garantito. Ho provato io stesso questi allenamenti e ti assicuro che sono veramente efficaci. Inoltre l'esecuzione di questi esercizi, oltre che aumentare la tua forza e la tua resistenza, renderà anche il tuo corpo molto più flessibile.

Ti dico questo perché spesso vedo tanti personal trainer trascurare inspiegabilmente questa capacità condizionale, commettendo a mio avviso un grandissimo errore. Spesso, infatti, i "palestrati" questi esercizi non riescono a farli per un semplice motivo: sono troppo "rigidi".

SEGRETO n. 6: l'allenamento a corpo libero ti rende forte, scolpito, resistente e flessibile.

Per diventare una "macchina" brucia grassi è fondamentale mantenere la frequenza cardiaca entro un certo "range". Per fare questo è assolutamente indispensabile fare dei recuperi brevi tra gli esercizi. Logicamente è impensabile ottenere risultati eseguendo questi movimenti in maniera blanda e concedendosi pause esagerate tra uno e l'altro.

Mantenere un ritmo medio-alto è fondamentale. Serve per bruciare il grasso addominale, definirsi in maniera ottimale e soprattutto mantenere una massa muscolare ragguardevole.

SEGRETO n. 7: le pause tra gli esercizi devono essere brevi, per mantenere alta la frequenza cardiaca e bruciare il grasso in eccesso.

Perché l'allenamento a corpo libero è ideale per le donne
Molte ragazze vanno in palestra e frequentano solo corsi di aerobica, oppure vanno a correre e nuotano. Niente da dire su queste attività aerobiche, che fanno sicuramente bene, ma per modellare il fisico bisogna abbinarle all'allenamento a corpo libero, che "modella" il corpo in maniera unica.

Ho deciso di parlare specificatamente delle donne, perché molte ragazze che frequentano i miei corsi mi rivolgono sempre le stesse domande: «Questo esercizio mi fa diventare le cosce grosse?», «Allenandomi così, le spalle mi diventano enormi?», «Questo movimento mi fa crescere i polpacci?», «Come faccio a dimagrire e rimanere tonica?», «Vorrei le braccia definite e toniche ma non grosse, come posso fare?», «Ho solo un'ora di tempo nella pausa pranzo, che allenamento mi consigli?»

Per tutte queste domande, la risposta è una sola: allenati a corpo libero, dove e quando vuoi, e avrai i risultati che desideri. Non c'è un solo esercizio fra quelli che ti proporrò che aumenterà la tua massa muscolare, perché non utilizzerai sovraccarichi, ma solo il peso del tuo corpo.

Questo ti permetterà di avere cosce e braccia toniche ma affusolate, un ventre piatto, spalle sexi ma non certo da culturista e stai tranquilla che i tuoi polpacci non si allargheranno (non crescono ai bodybuilder, figuriamoci a te!).

Inoltre aumenterai notevolmente la tua condizione fisica generale, facendo lavorare cuore e polmoni, grazie ai ridotti tempi di recupero. E, per finire, seguendo i miei semplici consigli alimentari dimagrirai correttamente.

Come vedi, la tua femminilità non è a rischio. Ricordati, però, di impegnarti a fondo, perché i miei programmi sono semplici, efficaci, ma veramente duri! Adesso tocca a te: prova e non te ne pentirai!

SEGRETO n. 8: l'allenamento a corpo libero è indicato anche per un pubblico femminile.

Le giuste "proporzioni"
Molti ragazzi che conosco hanno intrapreso la strada del body building, hanno aumentato la loro massa muscolare e poi, dopo qualche anno, sono venuti a chiedermi come diminuire le dimensioni dei loro muscoli.

Questi appassionati, dopo un po' di tempo, non si piacevano più! Non riuscivano a indossare una giacca, si sentivano legati e con quell'enorme massa muscolare faticavano anche a praticare un qualsiasi sport. Il nocciolo è proprio questo: il fisico deve essere atletico, non enorme! Con l'allenamento a corpo libero otterrai proprio questo.

SEGRETO n. 9: se ti costruisci un fisico atletico, con la giusta massa muscolare, puoi praticare qualsiasi sport.

Ti sentirai in forma e non impacciato, potrai praticare qualsiasi attività sportiva in maniera ottimale e potrai indossare tutto quello che più ti piace perché, ti garantisco, ti starà a pennello. La tua massa non crescerà più di tanto, ma diventerai muscoloso, forte e snello, con le giuste proporzioni.

Il vantaggio di allenarsi con il proprio corpo, senza l'ausilio di attrezzi, sta anche nella comodità. Facendo questa scelta, infatti, ti potrai allenare ovunque: in un parco, a casa, in giardino, in ufficio, dove ti rimarrà più comodo.

SEGRETO n. 10: puoi allenarti a corpo libero dove e quando vuoi e, soprattutto, senza spendere un euro.

RIEPILOGO DEL CAPITOLO 2:

- SEGRETO n. 6: l'allenamento a corpo libero ti rende forte, scolpito, resistente e flessibile.
- SEGRETO n. 7: le pause tra gli esercizi devono essere brevi, per mantenere alta la frequenza cardiaca e bruciare il grasso in eccesso.
- SEGRETO n. 8: l'allenamento a corpo libero è indicato anche per un pubblico femminile.
- SEGRETO n. 9: se ti costruisci un fisico atletico, con la giusta massa muscolare, puoi praticare qualsiasi sport.
- SEGRETO n. 10: puoi allenarti a corpo libero dove e quando vuoi e, soprattutto, senza spendere un euro.

CAPITOLO 3:
Come eseguire i migliori esercizi a corpo libero

L'importanza della tecnica

Eseguire un esercizio a corpo libero può sembrare una sciocchezza ma, se vuoi ottenere dei benefici, saper usare la tecnica giusta è importantissimo. Molti preparatori, per esempio, fanno eseguire molte ripetizioni di piegamenti a terra, senza badare alla posizione corretta del corpo e delle braccia. Questo è un errore che potrebbe tranquillamente portare a infiammazioni nell'articolazione della spalla o creare qualche altro problema.

Tu non farai questo sbaglio e, se seguirai attentamente le mie descrizioni e osserverai le mie immagini, il tuo fisico non potrà che migliorare, senza rischiare alcun tipo d'infortunio.

SEGRETO n. 11: la tecnica di esecuzione degli esercizi a corpo libero è fondamentale per ottenere risultati ed evitare infortuni.

Ho fatto l'esempio dei piegamenti a terra perché spesso questo movimento è utilizzato in molte palestre come una "punizione", quando invece sarebbe opportuno insegnarlo correttamente e invogliare a farlo (proprio perché è un esercizio eccezionale). Lo stesso discorso vale per tutti gli altri esercizi: eseguirli nella maniera giusta è basilare.

Tecnica di esecuzione degli esercizi a corpo libero
Esercizio n. 1 (a): push up (piegamenti a terra)
Il primo esercizio che ti presento è sicuramente il più conosciuto ed è utilizzato in sostanza da tutte le persone che amano allenarsi: il push up (piegamenti a terra). Se ben eseguiti, i piegamenti a terra sono eccezionali per rinforzare e definire la parte alta del corpo, in particolare spalle, petto e tricipiti.

Anche l'addome è coinvolto nell'esecuzione di questo movimento, anche se non in maniera specifica. Questo esercizio sembra semplice, ma ha delle particolarità che vanno spiegate.

Parti da atteggiamento prono, mani appoggiate a terra alla larghezza delle spalle, braccia tese e piedi uniti. Da questa posizione piega le braccia fino a sfiorare il pavimento e poi torna nella posizione di partenza.

Lo sguardo è rivolto a terra per tutta la durata dell'esercizio ed evita di sollevare i glutei per renderlo più semplice. La cosa più importante è la posizione dei gomiti: devono rimanere vicini al busto e non allontanarsi come spesso vedo fare a molte persone.

Esercizio n. 1 (b): push up (piegamenti a terra) facilitati

Ti illustro anche la versione facilitata, più adatta alle donne, che si esegue con le ginocchia a terra. Mantieni una velocità di esecuzione media per tutta la durata dell'esercizio. Incrementa la velocità solo quando la tecnica sarà migliorata e la forza aumentata.

Esercizio n. 2 (a): squat

Lo squat a carico naturale è un ottimo esercizio, che coinvolge più gruppi muscolari. È eccezionale per far lavorare quadricipiti, bicipiti femorali e glutei.

Parti dalla stazione eretta, distanzia i piedi alla larghezza delle spalle con le punte leggermente ruotate all'esterno, mantieni le braccia lungo i fianchi e lo sguardo rivolto in avanti. Da questa posizione comincia a piegare le gambe cercando di raggiungere la massima accosciata, senza sollevare i talloni e senza superare la punta dei piedi con la proiezione del ginocchio.

Mantieni, per tutta la durata dell'esercizio, l'addome contratto e lo sguardo in avanti. Per mantenere l'equilibrio porta le braccia in avanti durante la discesa e riportale lungo i fianchi nella salita. In seguito avvicinerai le gambe e cercherai la massima accosciata anche a piedi uniti. Quest'ultimo esercizio è anche propedeutico per eseguire lo squat su una gamba (pistol), che t'illustrerò più avanti.

Questa tecnica è consigliata solo per lo squat a corpo libero. Se si utilizzano sovraccarichi, invece, la schiena rimane più dritta ed è preferibile non raggiungere la massima accosciata. Mantieni una velocità di esecuzione media per tutta la durata dell'esercizio.

 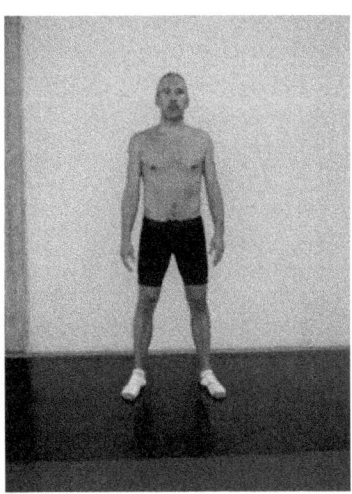

Esercizio n. 2 (b): squat a gambe strette

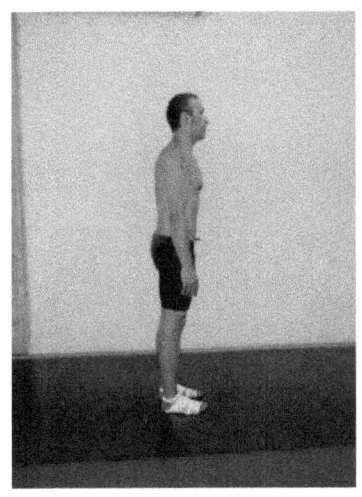 

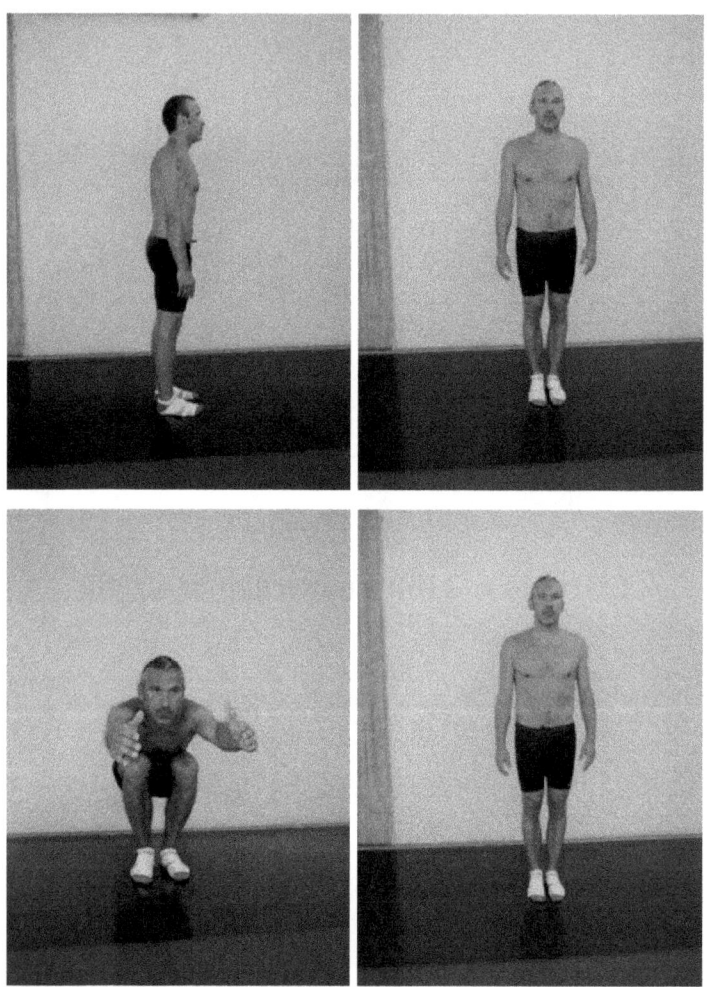

Esercizio n. 3 (a): alternating crunch

Questo esercizio tonifica e scolpisce l'addome, ma deve essere eseguito lentamente per essere veramente efficace. Da decubito supino, incrocia le mani dietro la testa e comincia a sollevare il busto e le gambe, cercando di avvicinare il gomito destro al ginocchio sinistro e viceversa.

Mentre una gamba si piega, per avvicinare il ginocchio al gomito opposto, l'altra gamba rimane leggermente sollevata.

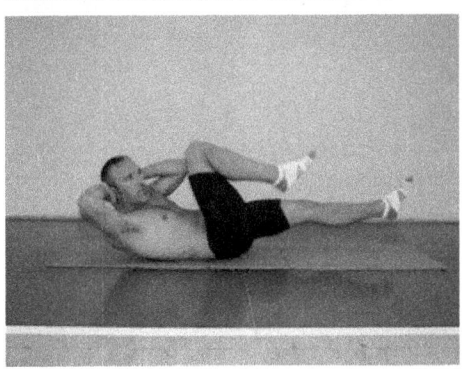

Esercizio n. 3 (b): alternating crunch a gambe quasi tese
Puoi eseguire l'esercizio anche con le gambe quasi tese. In ogni caso la zona lombare deve rimanere a contatto con il pavimento.

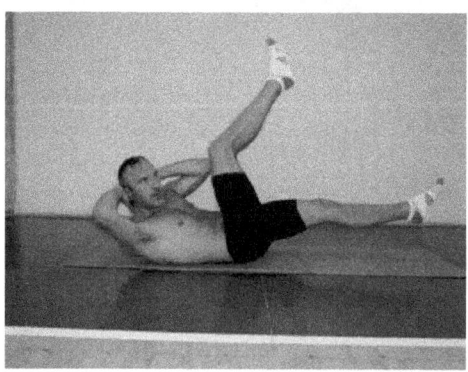

Esercizio n. 4 (a): T and Y position
Per bilanciare gli addominali è importantissimo costruire i muscoli del dorso e, in particolare, quelli della bassa schiena.

Questo esercizio aiuta, assieme all'allenamento per l'addome, ad avere una postura corretta e un "core" super forte.

Da decubito prono, porta le braccia sopra la testa e unisci i piedi. Da questa posizione solleva di 10 cm il busto e muovi le braccia lentamente cercando di disegnare prima una T (mantieni 5") e poi una Y (mantieni 5").

In seguito, sempre lentamente, torna indietro fino a raggiungere la posizione iniziale e ricomincia. Mantieni lo sguardo rivolto a terra per tutta la durata dell'esercizio.

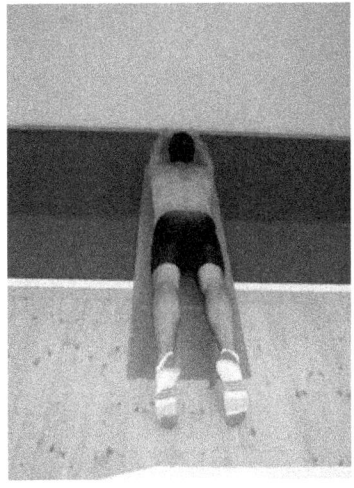 

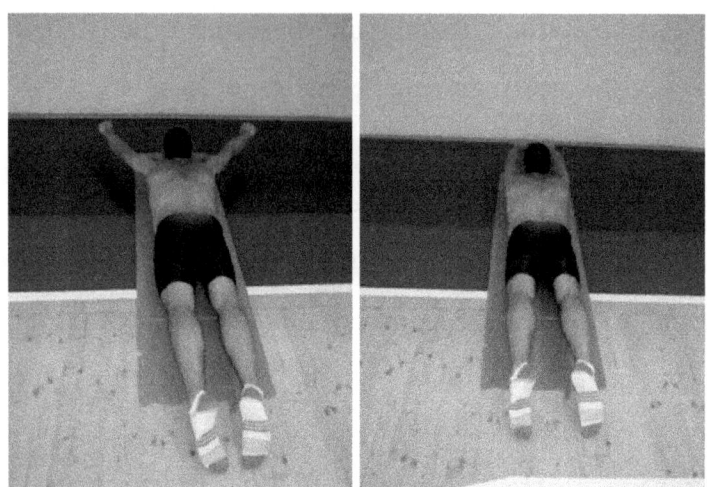

Esercizio n. 4 (b): T and Y position con i piedi sollevati

Per rendere più difficile l'esercizio, solleva le gambe di 10 cm.

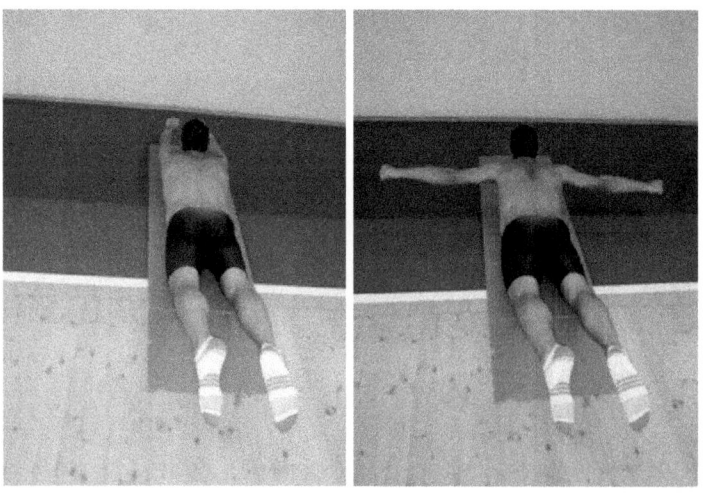

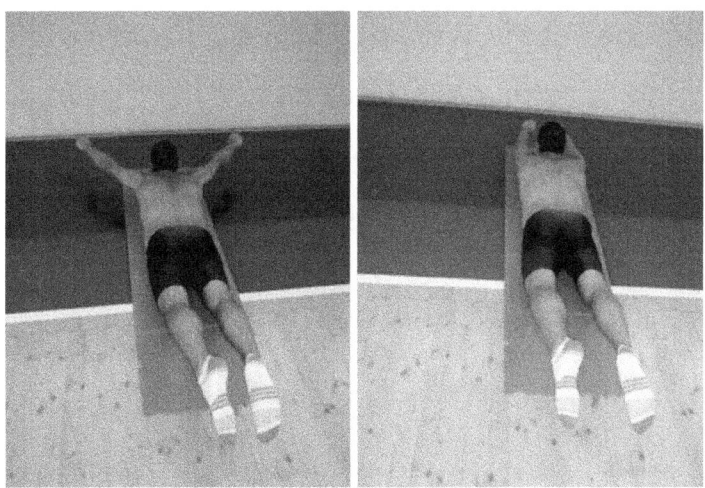

Esercizio n. 5: squat, upside-down back and return (squat, capovolta indietro e ritorno)

In questo movimento lavorano gambe, glutei, addominali e aumenta anche la flessibilità della schiena. Parti dalla stazione eretta, distanzia i piedi di circa 10 centimetri, mantieni le braccia lungo i fianchi e lo sguardo in avanti.

Da questa posizione piega le gambe come per fare uno squat, al punto di massima accosciata, e fai una capovolta indietro fino a far toccare i piedi al pavimento.

Poi riporta le gambe in avanti e cerca di raddrizzarti senza aiutarti con le mani. Mantieni una velocità di esecuzione media per tutta la durata dell'esercizio. Incrementa la velocità solo quando la tecnica sarà migliorata e la forza aumentata.

Esercizio n. 6: alternating side lunges (affondi laterali alternati)

Esercizio specifico per tonificare l'interno coscia (adduttori) e renderlo più elastico.

Dalla stazione eretta, con le gambe divaricate più delle spalle e con le punte dei piedi leggermente rivolte verso l'esterno, esegui un affondo laterale, avendo cura di non sollevare il tallone della gamba che si piega e facendo attenzione a non superare la punta del piede con la proiezione del ginocchio.

La punta della gamba tesa è rivolta verso l'alto. Ripetere nel lato opposto senza pausa. Le braccia aiutano la coordinazione del movimento. Mantieni una velocità di esecuzione media per tutta la durata dell'esercizio. Incrementa la velocità solo quando la tecnica sarà migliorata e la forza aumentata.

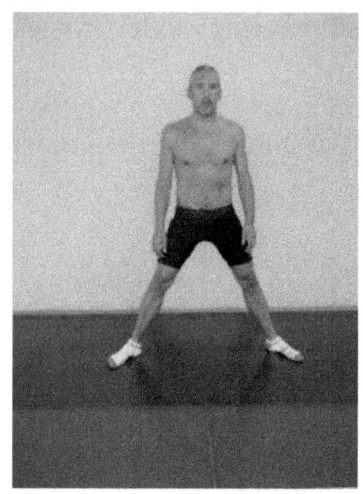

Esercizio n. 7 (a): burpees (intermedi)

Se vuoi sviluppare forza, potenza, resistenza e flessibilità della schiena, questo esercizio non può mancare nel tuo repertorio. Parti dalla posizione dei piegamenti. Esegui un piegamento, porta velocemente le gambe in accosciata completa e infine raddrizzati per tornare nella stazione eretta.

Puoi rendere questo esercizio più semplice evitando il piegamento, oppure più complesso compiendo un salto verso l'alto alla fine dell'esercizio.

Logicamente non ci sono pause tra i vari movimenti che compongono l'esercizio e, una volta terminato, si ricomincia senza recuperare. Mantieni una velocità di esecuzione media per tutta la durata dell'esercizio. Incrementa la velocità solo quando la tecnica sarà migliorata e la forza aumentata.

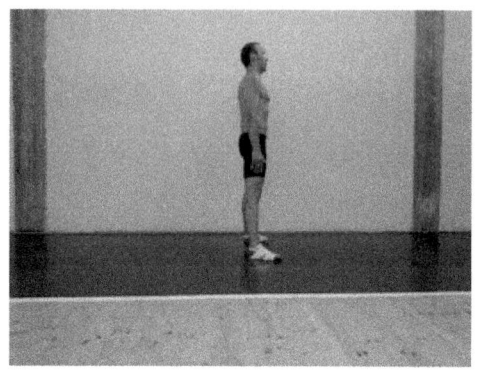

Esercizio n. 7 (b): burpees senza piegamento (principianti)
Versione facilitata dell'esercizio precedente. Parti dalla posizione dei piegamenti; porta velocemente le gambe in accosciata completa e infine raddrizzati per tornare nella stazione eretta.

Logicamente non ci sono pause tra i vari movimenti che compongono l'esercizio e, una volta terminato, si ricomincia senza recuperare. Mantieni una velocità di esecuzione media per tutta la durata dell'esercizio. Incrementa la velocità solo quando la tecnica sarà migliorata e la forza aumentata.

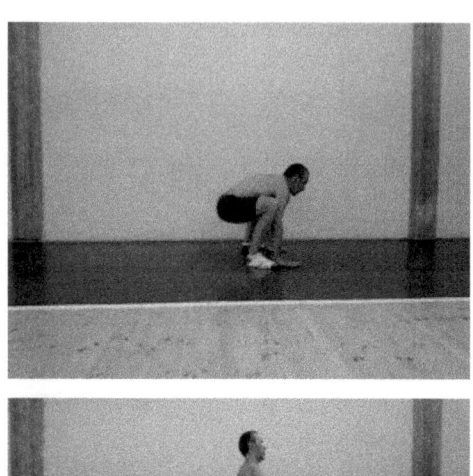

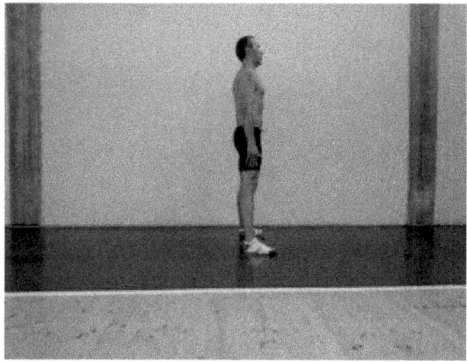

Esercizio n. 7 (c): burpees con salto finale (avanzati)
Versione complessa del burpees. Parti dalla posizione dei piegamenti. Esegui un piegamento, porta velocemente le gambe in accosciata completa e, infine. fai un salto verso l'alto per poi finire in stazione eretta.

Logicamente non ci sono pause tra i vari movimenti che compongono l'esercizio e, una volta terminato, si ricomincia senza recuperare. Mantieni una velocità di esecuzione media per tutta la durata dell'esercizio. Incrementa la velocità solo quando la tecnica sarà migliorata e la forza aumentata.

Esercizio n. 8: alternating sprinter (partenza del velocista alternata)

Esercizio super per tonificare le gambe, aumentare la flessibilità della parte bassa della schiena e delle anche, accrescere la tua resistenza generale. La posizione di partenza è simile a quella di un velocista ai blocchi di partenza: mani a terra, un piede tra le mani e l'altra gamba distesa dietro. Da questa posizione alterna il piede in avanti. Mantieni una velocità di esecuzione media per tutta la durata dell'esercizio. Incrementa la velocità solo quando la tecnica sarà migliorata e la forza aumentata.

Esercizio n. 9: walking hand (camminare con le mani)
Se i tuoi addominali superano questa prova, puoi veramente essere fiero dei tuoi "tasselli". Dalla stazione eretta fletti il busto

in avanti fino a toccare il pavimento con le mani. Da questa posizione, mantenendo le gambe tese e i piedi fermi, cammina con le mani fin dove riesci. Mantieni la posizione un secondo e torna indietro al punto di partenza, facendo il percorso al contrario.

Durante l'esecuzione di questo esercizio è importante non abbassare il bacino e contrarre i glutei, per proteggere la parte bassa della schiena. Mantieni una velocità di esecuzione medio-bassa per tutta la durata dell'esercizio.

Esercizio n. 10 (a): one arm push up (piegamenti a un braccio livello avanzato)

Quando i piegamenti con due mani diventano troppo semplici, questo esercizio offre uno stimolo maggiore per esercitare la parte superiore del corpo, aumentando notevolmente la difficoltà.

Parti dalla posizione dei piegamenti, distanzia i piedi oltre la larghezza delle spalle e porta un braccio dietro la schiena. Da questa posizione, piega e distendi il braccio e comincia a soffrire!

Per eseguire bene questo esercizio devi ruotare la mano in appoggio verso l'esterno (a dx con la mano dx, a sx con la mano sx): questo ti aiuterà a rimanere in equilibrio durante il movimento.

Mantieni una velocità di esecuzione media per tutta la durata dell'esercizio. Incrementa la velocità solo quando la tecnica sarà migliorata e la forza aumentata. Ti consiglio di utilizzare la *respirazione di potenza* che ho spiegato nel mio precedente ebook *Super Core Training*.

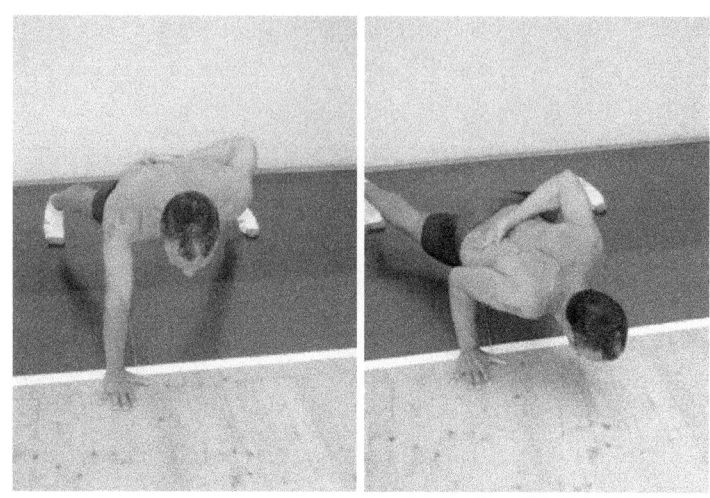

Esercizio n. 10 (b): one arm push up (piegamenti a un braccio facilitati)

T'illustro anche la versione facilitata, più adatta alle donne, che si esegue con le ginocchia a terra.

Esercizio n. 11 (a): pistol (squat a una gamba)
Movimento complesso e di non facile esecuzione, lo squat su una gamba è adatto a chi possiede una base di forza e flessibilità notevole. Comunque, con un po' di applicazione tutti possono arrivare a eseguirlo correttamente.

È inutile dire che se vuoi gambe esplosive questo esercizio è eccezionale. Esegui uno squat su una gamba solamente, arriva al punto di massima accosciata e raddrizzati senza aiutarti con le mani. Ripeti con l'altra gamba.

Se sei un principiante, prima di eseguirlo completamente, sarebbe utile fare un'accosciata completa con i piedi uniti e, da questa posizione, distendere alternativamente le gambe in avanti, cercando di rimanere in equilibrio. In seguito, proverai a sollevarti con una gamba, con l'aiuto di un sostegno fisso.

Ti consiglio di utilizzare la *respirazione di potenza* che ho spiegato nel mio precedente ebook *Super Core Training*. Mantieni una velocità di esecuzione media per tutta la durata dell'esercizio. Incrementa la velocità solo quando la tecnica sarà migliorata e la forza aumentata.

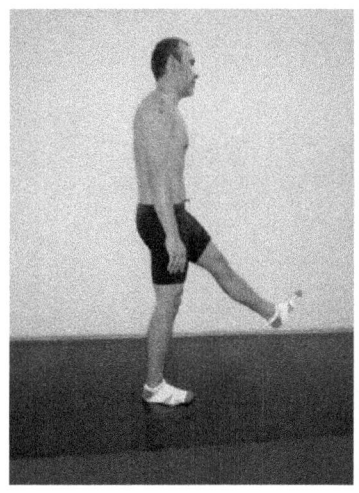 

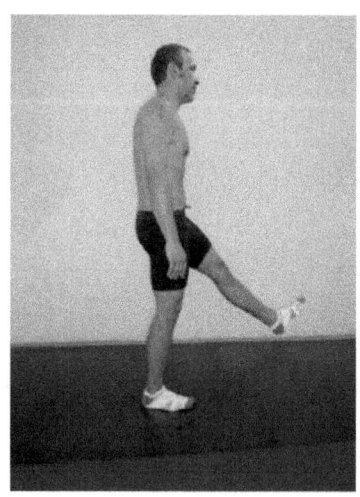

Esercizio n. 11 (b): pistol "box"

Se sei un principiante, sarebbe utile provare lo squat su una gamba senza arrivare alla massima accosciata, ma sedendoti su una sedia (pistol "box") per facilitare il movimento. Da questa posizione, prova a risalire, sempre su una gamba.

Quando ti siedi, non rilassarti, ma rimani con i muscoli in tensione. Solo così riuscirai a migliorare e arrivare allo squat completo. Se non riesci a fare questo esercizio propedeutico, difficilmente potrai eseguire lo squat completo su una gamba.

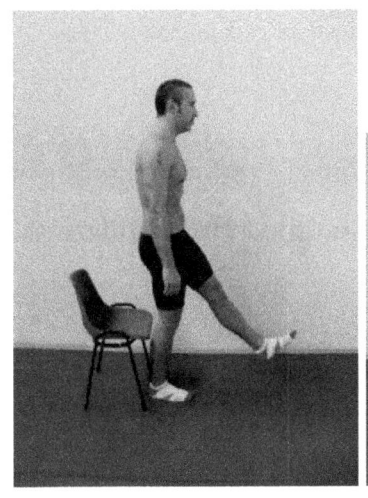

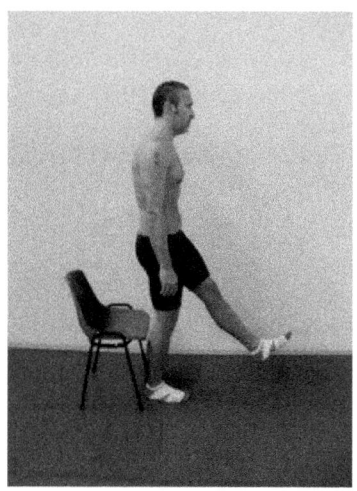

Mantieni una velocità di esecuzione media per tutta la durata dell'esercizio. Incrementa la velocità solo quando la tecnica sarà migliorata e la forza aumentata.

SEGRETO n. 12: nello squat su una gamba (pistol) e nei piegamenti su un braccio (one arm push up) utilizzare la *respirazione di potenza*.

Esercizio n. 12: hindu squat
Nell'antica India i lottatori eseguivano tantissime ripetizioni di questo esercizio, validissimo per sviluppare forza nei polpacci, nelle cosce e aumentare l'equilibrio.

Dalla stazione eretta, piega le gambe mantenendo la schiena dritta e accompagna il movimento con un'oscillazione delle braccia. Nella massima accosciata sei sulla punta delle dita, alla fine della risalita, appoggia di nuovo il tallone. Ricomincia senza pausa. In questo esercizio è molto importante la respirazione. Espiri quando scendi e inspiri quando sali. Mantieni una velocità di esecuzione medio-bassa per tutta la durata dell'esercizio.

Esercizio n. 13 (a): hindu push up

Altro movimento dei lottatori indiani. Rispetto ai piegamenti classici favorisce uno sviluppo anche della flessibilità del rachide. Dalla posizione dei piegamenti classici, solleva il sedere mantenendo le braccia tese. A questo punto esegui un piegamento in basso-avanti-alto, terminando l'esercizio con il bacino in basso e le spalle in alto.

Torna quindi nella posizione di partenza, portando i glutei indietro senza piegare le braccia. Anche in questo esercizio, controlla attentamente la respirazione: espiri quando scendi con il busto e inspiri quando torni nella posizione iniziale.

Logicamente non ci sono pause tra i vari movimenti che compongono l'esercizio e, una volta terminato, si ricomincia senza recuperare. Mantieni una velocità di esecuzione medio-bassa per tutta la durata dell'esercizio.

Esercizio n. 13 (b): hindu push up andata e ritorno con piegamento

Versione complessa dell'esercizio precedente. Dalla posizione dei piegamenti classici, solleva il sedere mantenendo le braccia tese. A questo punto esegui un piegamento in basso-avanti-alto, terminando l'esercizio con il bacino in basso e le spalle in alto. A questo punto, piegando le braccia, torni nella posizione dei piegamenti e infine al punto di partenza.

Logicamente non ci sono pause tra i vari movimenti che compongono l'esercizio e, una volta terminato, si ricomincia senza recuperare. Mantieni una velocità di esecuzione media per tutta la durata dell'esercizio.

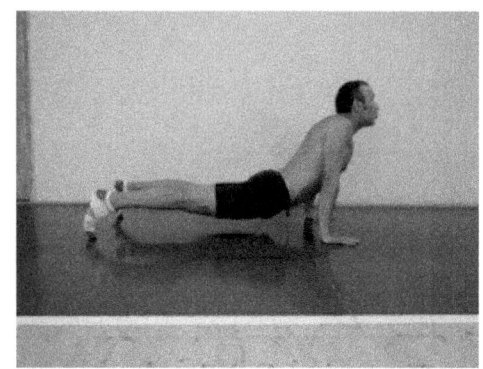

SEGRETO n. 13: negli hindu squat e hindu push up la respirazione ha un ruolo determinante

RIEPILOGO DEL CAPITOLO 3:

- SEGRETO n. 11: la tecnica di esecuzione degli esercizi a corpo libero è fondamentale per ottenere risultati ed evitare infortuni.
- SEGRETO n. 12: nello squat su una gamba (pistol) e nei piegamenti su un braccio (one arm push up) utilizzare la *respirazione di potenza*.
- SEGRETO n. 13: negli hindu squat e hindu push up la respirazione ha un ruolo determinante.

CAPITOLO 4:
Scopri i migliori programmi di allenamento

Come svolgere i programmi

I cinque programmi che vedrai sono a difficoltà crescente e sono composti dalla combinazione degli esercizi illustrati nel capitolo precedente con una semplice attività aerobica. Gli esercizi devono essere svolti in successione senza pausa.

Il primo programma, il più semplice, serve come condizionamento generale e non è composto da tutti e tredici gli esercizi. Il secondo, il terzo e il quarto programma prevedono l'esecuzione di tutti gli esercizi combinati tra loro, alternati alla corsa. L'ultimo è composto solo dagli esercizi di potenziamento, ma da un numero considerevole di ripetizioni.

Se sei un principiante e preferisci pianificare la tua attività sportiva, ti consiglio di procedere per gradi e iniziare dal primo programma.

In questo caso, eseguirai il primo workout per tre settimane (due di carico, più una di scarico), allenandoti tre volte a settimana, a giorni alterni (lunedì, mercoledì e venerdì, oppure martedì, giovedì e sabato).

Lo stesso farai con il secondo, il terzo e il quarto: tre settimane (due di carico, più una di scarico), allenandoti tre giorni a settimana. Infine, eseguirai il quinto per quattro settimane (tre di carico, più una di scarico), sempre allenandoti tre giorni a settimana.

Nella settimana di scarico ti allenerai due volte (per es. martedì e venerdì) e svolgerai solamente attività aerobica: 40-45 minuti di corsa al 70-75% della tua FCmax. Logicamente se non riesci a completare un programma, significa che non sei ancora pronto per il livello successivo. Continuerai a esercitarti sullo stesso programma fino a completarlo correttamente.

L'unica raccomandazione che sento di farti è di eseguire bene i tredici esercizi che ti ho proposto. Se non riesci a farli correttamente, ti consiglio di esercitarti finché la tua tecnica sarà ottimale. **Non ti scoraggiare e non "mollare" mai!** Per alcuni esercizi hai la possibilità di scegliere la variante facilitata, oppure optare per quella più complessa.

L'obiettivo finale è quello di completare i programmi eseguendo (laddove specificato) gli esercizi nella loro variante complessa, ma nulla vieta di arrivare a questo traguardo in maniera graduale, magari riuscendo nell'esecuzione di un esercizio passando per i movimenti propedeutici (vedi per esempio la spiegazione dell'esercizio pistol).

Se, al contrario, sei un atleta già allenato, svolgerai lo stesso programma, eseguendo (laddove specificato) gli esercizi nella loro versione più complessa. Anche se sei abituato ai carichi di lavoro, noterai con soddisfazione come questi programmi siano veramente impegnativi, ma anche molto efficaci.

Per quanto riguarda la corsa, inserita nelle schede, puoi tranquillamente utilizzare il tapis roulant se sei in palestra, correre all'aria aperta se ti trovi in un parco o in un qualsiasi campo, saltare la corda oppure, se preferisci, correre sul posto.

L'importante è mantenere una frequenza cardiaca pari al 70-75% della tua FCmax. Termina sempre i programmi di allenamento con dieci minuti di stretching. Se sei pronto, iniziamo!

AVVERTENZE SPECIALI:

- **i programmi di allenamento proposti non intendono sostituirsi, in alcun modo, al parere medico o di altri specialisti;**
- **questi programmi di allenamento sono rivolti a soggetti senza patologie in corso;**
- **l'autore e la casa editrice declinano ogni responsabilità per effetti o conseguenze risultanti dall'uso delle informazioni contenute nell'ebook e dalla loro messa in pratica;**
- **consulta il tuo medico di fiducia prima di intraprendere qualsiasi forma di attività fisica o regime alimentare.**

Programma di allenamento di 16 settimane:

- **workout n. 1:** 3 settimane (2 di carico+1 di scarico);
- **workout n. 2:** 3 settimane (2 di carico+1 di scarico);
- **workout n. 3:** 3 settimane (2 di carico+1 di scarico);
- **workout n. 4:** 3 settimane (2 di carico+1 di scarico);
- **workout n. 5:** 4 settimane (3 di carico+1 di scarico).

Obiettivi:

- dimagrimento;
- incremento metabolismo basale;
- miglioramento efficienza cardio-vascolare;
- potenziamento muscolare di tutto il corpo;
- incremento di forza generale;
- miglioramento flessibilità del rachide;
- definizione muscolare;
- benessere psico-fisico.

Workout n. 1:

- 5 min. corsa lenta o tapis roulant;
- 15 piegamenti;

- 5 min. corsa;
- 15 squat;
- 5 min. corsa;
- 20 alternating crunch;
- 5 min. corsa;
- 1 min. T and Y position;
- 5 min. corsa;
- 10 upside-down back and return;
- 5 min. corsa;
- 10 piegamenti + 10 squat;
- 5 min. corsa;
- 20 alternating crunch + 1 min. T and Y position;
- 5 min. corsa lenta o tapis roulant.

Workout n. 2:
- 5 min. corsa lenta o tapis roulant;
- 15 piegamenti + 15 squat;
- 2 min. corsa;
- 1 min. recupero;
- 20 alternating crunch + 1 min. T and Y position;

- 2 min. corsa o salto della corda;
- 1 min. recupero;
- 15 upside-down back and return + 15 alternating side lunges;
- 2 min. corsa;
- 1 min. recupero;
- 10 walking hand + 10 hindu push up;
- 2 min. corsa o salto della corda;
- 1 min. recupero;
- 15 hindu squat + 15 burpees;
- 2 min. corsa;
- 1 min. recupero;
- 5 pistol gamba dx + 5 pistol gamba sx + 5 one arm push up (dx) + 5 one arm push up (sx);
- 2 min. corsa o salto della corda;
- 1 min. recupero;
- 15 alternating sprinter + 15 piegamenti;
- 5 min. corsa lenta o tapis roulant.

Workout n. 3:

- 5 min. corsa lenta o tapis roulant;

- 10 piegamenti + 10 squat + 5 one arm push up (dx) + 5 one arm push up (sx) + 10 squat;
- 1 min. corsa;
- 1 min. recupero;
- 20 alternating crunch + 1 min. T and Y position + 20 alternating crunch + 1 min. T and Y position;
- 1 min. corsa o salto della corda;
- 1 min. recupero;
- 10 upside-down back and return + 10 alternating side lunges + 10 upside-down back and return + 10 alternating side lunges;
- 1 min. corsa;
- 1 min. recupero;
- 10 burpees + 10 alternating sprint + 10 burpees + 10 alternating sprint;
- 1 min. corsa o salto della corda;
- 1 min. recupero;
- 10 walking hand + 5 pistol dx + 10 walking hand + 5 pistol sx;
- 1 min. corsa;
- 1 min. recupero;
- 10 hindu squat + 10 hindu push up + 10 hindu squat + 10

hindu push up;
- 5 min. corsa lenta o tapis roulant.

Workout n. 4:
- 5 min. corsa lenta o tapis roulant;
- 15 piegamenti + 15 squat + 15 piegamenti + 15 squat;
- 20 alternating crunch + 1 min. T and Y position + 20 alternating crunch + 1 min. T and Y position;
- 1 min. recupero;
- 10 upside-down back and return + 10 alternating side lunges + 10 upside-down back and return + 10 alternating side lunges;
- 15 burpees + 20 alternating sprint + 15 burpees + 20 alternating sprint;
- 1 min. recupero;
- 10 walking hand + 10 pistol (5 gb dx e 5 gb sx) + 10 walking hand + 10 pistol (5 gb dx e 5 gb sx);
- 20 hindu squat + 20 hindu push up + 20 hindu squat + 20 hindu push up;
- 1 min. recupero;
- 8 one arm push up (dx) + 8 one arm push up (sx);
- 20 min. corsa o tapis roulant;

- 5 min. corsa lenta o tapis roulant.

Workout n. 5:
- 5 min. corsa lenta o tapis roulant;
- 10 piegamenti + 10 squat + 10 piegamenti + 10 squat + 10 piegamenti + 10 squat;
- 20 alternating crunch + 1 min. T and Y position + 20 alternating crunch + 1 min. T and Y position + 20 alternating crunch + 1 min. T and Y position + 20 alternating crunch + 1 min. T and Y position;
- 1 min. recupero;
- 10 upside-down back and return + 10 alternating side lunges + 10 upside-down back and return + 10 alternating side lunges + 10 upside-down back and return + 10 alternating side lunges;
- 15 burpees + 20 alternating sprint + 15 burpees + 20 alternating sprint + 15 burpees + 20 alternating sprint;
- 1 min. recupero;
- 10 walking hand + 10 pistol (5 gb dx e 5 gb sx) + 10 walking hand + 10 pistol (5 gb dx e 5 gb sx) + 10 walking hand + 10 pistol (5 gb dx e 5 gb sx) + 10 walking hand + 10 pistol (5 gb dx e 5 gb sx);

- 15 hindu squat + 15 hindu push up + 15 hindu squat + 15 hindu push up + 15 hindu squat + 15 hindu push up;
- 1 min. recupero;
- 10 piegamenti + 8 one arm push up (dx) + 8 one arm push up (sx) + 10 piegamenti;
- 5 min. corsa lenta o tapis roulant.

Adesso che hai finito, guarda i risultati e complimentati con te stesso!

Conclusione

In questa era tecnologica, dove tutti corrono e anche l'allenamento prevede l'utilizzo di macchinari sempre più complessi e costosi, tu ti allenerai diversamente. Utilizzerai solo il tuo corpo e potrai farlo dove e quando vorrai. Ti servirà solo un tappetino e tanta voglia di sudare.

Nessun abbonamento in palestra, nessuna crema snellente, nessun rimedio miracoloso. Tre ore settimanali (doccia compresa) per trasformare il tuo corpo in un forno brucia grassi. Prova questi programmi e i tuoi benefici saranno eccezionali: fisico atletico, forte, definito e soprattutto una grande flessibilità. Ti basteranno quattro mesi di allenamento per **trasformare il tuo corpo senza spendere un centesimo!**

Abbina questi programmi a una dieta equilibrata, "scarica" un po' i carboidrati dal tuo piatto e finalmente raggiungerai quel fisico da urlo che hai sempre sognato. Non sarà una passeggiata, ma con

costanza e **determinazione** arriverai al traguardo. Quando sopraggiungerà la fatica, sarai tentato di mollare, ma tu non lo farai!

Dammi retta: **comincia subito! Non te ne pentirai!** Buon allenamento dal tuo coach Simone Casagrande.

www.ingramcontent.com/pod-product-compliance
Lightning Source LLC
Chambersburg PA
CBHW050917160426
43194CB00011B/2444